Cahier pratique

Mets en lumière ta valeur ajoutée

Pourquoi doit-on acheter chez toi et pas chez les autres ?

e-voluer

W0408049

Qui sommes-nous ?

e-voluer.com/qui

Direction de la publication et direction éditoriale
Loïs Gérard

Suivi et relecture
Audrey Tuzi, Hélène Aroca

Conception graphique, mise en page et couverture
E-voluer

Illustrations et éléments graphiques
©Adobe Stock

Editeur
E-voluer
42 rue Magenta
93500 PANTIN
ISBN (version papier) : 9798770080537
Dépôt légal : décembre 2021
Imprimé à la demande par Amazon

e-voluer

Sommaire

Introduction

Si tu veux bien vendre, il faut trouver ta (tes) valeur(s) ajoutée(s).

Comme dans les bons films, l'intrigue doit être bien écrite !

Je te propose plusieurs scénarios.
Inspire-toi des idées, conseils et exemples motivants pour choisir ceux qui te correspondent le mieux (l'essentiel étant d'être à l'aise avec tes choix).

Action, on tourne !
Ce workbook est là pour t'aider à créer un long métrage digne du top 10 du box office !

NB : Chers lecteurs, oui ce livre est écrit au féminin, mais je vous rassure, vous saurez tirer profit de son contenu malgré cela. Nous les femmes, y parvenons tous les jours ;)

e-voluer

Première lecture de l'intrigue

Fais le bilan

Que tu en sois consciente ou non, tu as, au moins, une valeur ajoutée.

Le plus difficile est de l'identifier comme telle et de la mettre sous le feu des projecteurs.

1. Qu'est-ce que la valeur ajoutée ?

En tant qu'entrepreneuse, tu disposes d'atouts et de compétences, d'histoires et d'expériences, d'une personnalité et d'un univers uniques, rien qu'à toi ! Grâce à cette différence (ta valeur ajoutée), tu attireras les clients.

Mettre en vedette sa valeur ajoutée (aussi appelée valeur différenciante ou proposition de valeur), c'est :

- Présenter clairement les bénéfices de tes produits/services
- Apporter des solutions concrètes aux problèmes de tes clients
- Te démarquer et sortir du lot
- Inspirer confiance et rassurer tes clients...

> « *Une des premières choses qui doivent se voir, c'est ta différence !* »

L'entreprise Evernote (l'application de notes) a tout compris =)

Leur valeur ajoutée est simple et claire, sur la page d'accueil de leur site, grâce à leur titre :
« Evernote, votre deuxième cerveau ».

Leur sous-titre explique l'utilité, leur différence et les solutions apportées.
Bingo, en quelques secondes, l'internaute est conquis !

Tes valeurs ajoutées :

____

____

____

____

____

____

____

Et toi, quelle est TA (ou TES) valeur(s) ajouté(es) ?

Si tu n'es pas inspirée,
pas de panique...

Ce workbook est fait pour t'aider à avoir une liste de valeurs ajoutées digne d'un film hollywoodien !

2. Pourquoi c'est important ?

Elle va booster ton auto-estime, apaiser tes doutes et tes peurs.
Personne ne peut te concurrencer car tu es UNIQUE ! Génial, non ?
Par conséquent, ta marque et ton entreprise sont uniques aussi !

Tu vaincras plus facilement le "syndrome de l'imposteur"
qui te fais croire que tu n'es pas à ta place, que tu n'as rien de mieux ou de plus que les autres.

3. De quoi se compose une bonne valeur ajoutée ?

La valeur ajoutée est un mixte entre les particularités de ton offre, tes différences vis-à-vis de tes concurrents et les besoins de tes clients.

Voici un schéma récapitulatif :

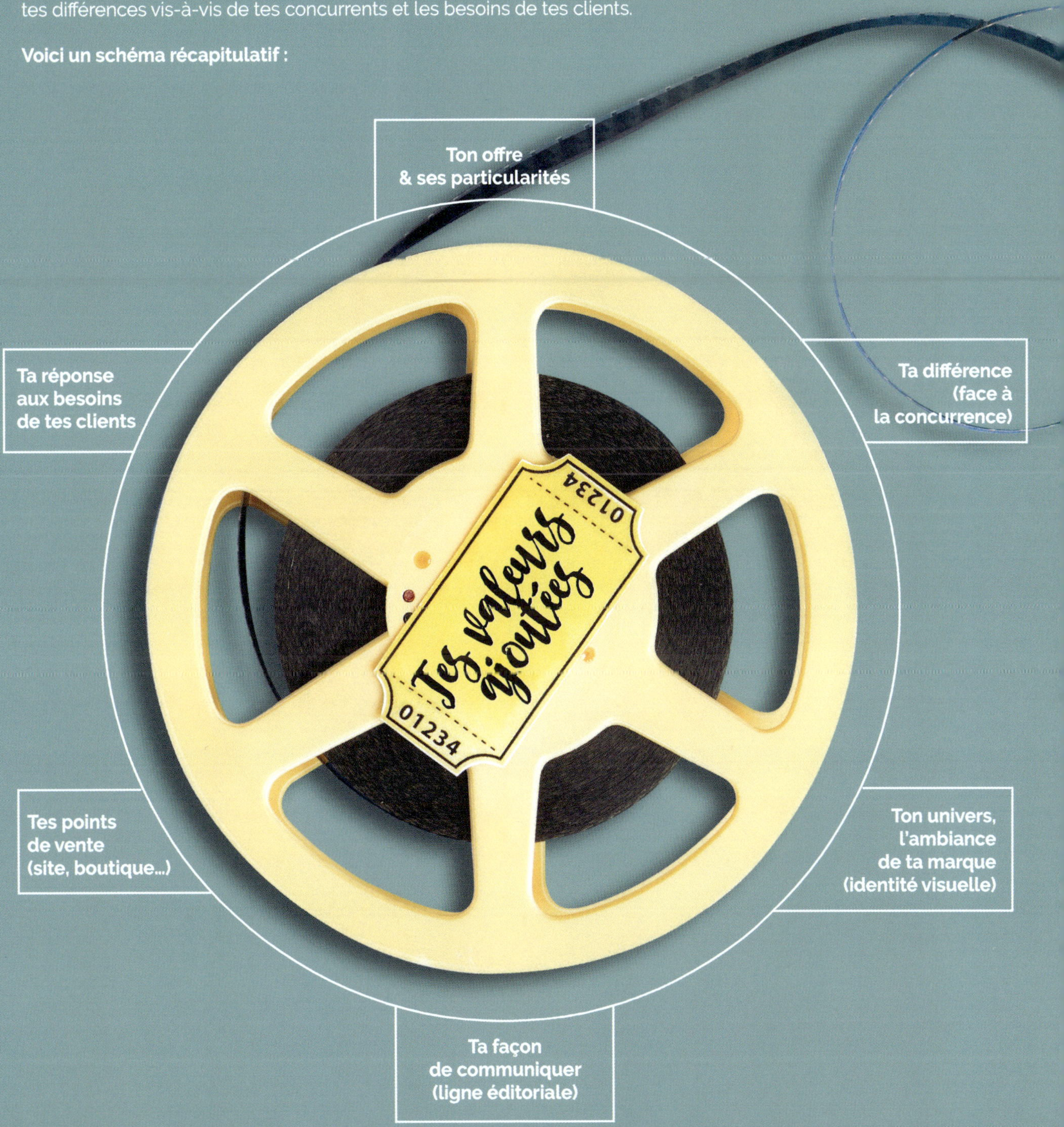

4. Connaître ton client idéal sur le bout des doigts

On construit de préférence son produit/service AUTOUR de son client et non l'inverse.
Sinon, il faut trouver le client parfait pour ton produit !

Si tu te bases sur une activité déjà existante, apprends à connaître ce client 10 fois mieux que tes concurrents et cible ton message sur les fiches produits, les publicités, les réseaux sociaux...
Ainsi, tu seras remarquée au milieu de la foule !

Par exemple, proposer un service de coaching pour femmes entrepreneuses ET "timides" est très sélectif, mais aussi très attirant pour ta cible !
Car qui pourrait mieux les comprendre qu'une coach spécialisée ?

PS : Choisis une niche pas trop restreinte et ayant les moyens de s'offrir tes produits et services =)

Comment connaître ton client en profondeur ?

- Va à sa rencontre et parle-lui (expositions, groupes Facebook, lieux de rencontre...)
- Pose des questions et ose discuter pour faire connaissance
- Forme-toi sur les profils MBTI pour intégrer une perception plus forte (www.16personalities.com/fr)
- Fais attention de ne pas projeter ton propre profil sur tes clients ni de te vendre à toi-même !

Exercice pratique

Remplis une fiche profil détaillée pour chacun de tes clients idéaux.
N'hésite pas à photocopier et imprimer cette page en autant d'exemplaires que nécessaire.

ATTENTION : Ta communication doit être adaptée à ta clientèle.
Si tu choisis trop de types différents, tu ne pourras pas le faire !

Vidéo coup de pouce

e-voluer.com/persona

Fiche client idéal n°...............

Situation :
Emploi :
Localisation :
Sexe :
Âge :

Phrase résumé

Biographie

Personnalité MBTI

Introverti	Extraverti
Observateur	Intuitif
Sentiment	Pensée
Prospection	Jugement
Prudent	Assuré

Objectifs

Frustrations/Problèmes

Motivations

Marques préférées

Abonnements RS

@ ______
@ ______
@ ______
@ ______
@ ______
@ ______
@ ______

5. Identifie ta différence (face à la concurrence)

Exercice 1

Analyse comparative de ta concurrence.
Voici une fiche pour analyser 4 de tes concurrents.
Note de 1 à 5 chacun de ces points. N'hésite pas à photocopier et imprimer ces 2 pages en autant d'exemplaires que nécessaire.

Caractéristiques				
Le produit/service des concurrents	1 2 3 4 5	1 2 3 4 5	1 2 3 4 5	1 2 3 4 5
Design	○ ○ ○ ○ ○	○ ○ ○ ○ ○	○ ○ ○ ○ ○	○ ○ ○ ○ ○
Qualité	○ ○ ○ ○ ○	○ ○ ○ ○ ○	○ ○ ○ ○ ○	○ ○ ○ ○ ○
Facilité d'emploi/ergonomie	○ ○ ○ ○ ○	○ ○ ○ ○ ○	○ ○ ○ ○ ○	○ ○ ○ ○ ○
Conditions d'achat	○ ○ ○ ○ ○	○ ○ ○ ○ ○	○ ○ ○ ○ ○	○ ○ ○ ○ ○
Services après vente	○ ○ ○ ○ ○	○ ○ ○ ○ ○	○ ○ ○ ○ ○	○ ○ ○ ○ ○
Le prix	1 2 3 4 5	1 2 3 4 5	1 2 3 4 5	1 2 3 4 5
Les tarifs	○ ○ ○ ○ ○	○ ○ ○ ○ ○	○ ○ ○ ○ ○	○ ○ ○ ○ ○
Les modes/facilités de paiement	○ ○ ○ ○ ○	○ ○ ○ ○ ○	○ ○ ○ ○ ○	○ ○ ○ ○ ○
Le type d'offre	○ ○ ○ ○ ○	○ ○ ○ ○ ○	○ ○ ○ ○ ○	○ ○ ○ ○ ○
Les promos	○ ○ ○ ○ ○	○ ○ ○ ○ ○	○ ○ ○ ○ ○	○ ○ ○ ○ ○
La distribution	1 2 3 4 5	1 2 3 4 5	1 2 3 4 5	1 2 3 4 5
Les points de vente (virtuels et physiques)	○ ○ ○ ○ ○	○ ○ ○ ○ ○	○ ○ ○ ○ ○	○ ○ ○ ○ ○
La diversité et la praticité de la forme (ebook, vidéo, physique...)	○ ○ ○ ○ ○	○ ○ ○ ○ ○	○ ○ ○ ○ ○	○ ○ ○ ○ ○
La référence à un territoire (made in France, local...)	○ ○ ○ ○ ○	○ ○ ○ ○ ○	○ ○ ○ ○ ○	○ ○ ○ ○ ○
La transparence sur le circuit (court, long...)	○ ○ ○ ○ ○	○ ○ ○ ○ ○	○ ○ ○ ○ ○	○ ○ ○ ○ ○
La promotion	1 2 3 4 5	1 2 3 4 5	1 2 3 4 5	1 2 3 4 5
La beauté des supports de communication	○ ○ ○ ○ ○	○ ○ ○ ○ ○	○ ○ ○ ○ ○	○ ○ ○ ○ ○
Les réseaux sociaux (qualité)	○ ○ ○ ○ ○	○ ○ ○ ○ ○	○ ○ ○ ○ ○	○ ○ ○ ○ ○
Les réseaux sociaux (nombre d'abonnés)	○ ○ ○ ○ ○	○ ○ ○ ○ ○	○ ○ ○ ○ ○	○ ○ ○ ○ ○
Le ton, la ligne éditoriale	○ ○ ○ ○ ○	○ ○ ○ ○ ○	○ ○ ○ ○ ○	○ ○ ○ ○ ○

Vidéo coup de pouce
e-voluer.com/concurrence

Exercice 2

Utilise ce modèle vierge pour étudier un à un tes concurrents plus librement.

Points à analyser			
	○ ○ ○ ○ ○	○ ○ ○ ○ ○	○ ○ ○ ○ ○
	○ ○ ○ ○ ○	○ ○ ○ ○ ○	○ ○ ○ ○ ○
	○ ○ ○ ○ ○	○ ○ ○ ○ ○	○ ○ ○ ○ ○
	○ ○ ○ ○ ○	○ ○ ○ ○ ○	○ ○ ○ ○ ○
	○ ○ ○ ○ ○	○ ○ ○ ○ ○	○ ○ ○ ○ ○
	○ ○ ○ ○ ○	○ ○ ○ ○ ○	○ ○ ○ ○ ○
	○ ○ ○ ○ ○	○ ○ ○ ○ ○	○ ○ ○ ○ ○
	○ ○ ○ ○ ○	○ ○ ○ ○ ○	○ ○ ○ ○ ○
	○ ○ ○ ○ ○	○ ○ ○ ○ ○	○ ○ ○ ○ ○
	○ ○ ○ ○ ○	○ ○ ○ ○ ○	○ ○ ○ ○ ○
	○ ○ ○ ○ ○	○ ○ ○ ○ ○	○ ○ ○ ○ ○
	○ ○ ○ ○ ○	○ ○ ○ ○ ○	○ ○ ○ ○ ○
	○ ○ ○ ○ ○	○ ○ ○ ○ ○	○ ○ ○ ○ ○
	○ ○ ○ ○ ○	○ ○ ○ ○ ○	○ ○ ○ ○ ○
	○ ○ ○ ○ ○	○ ○ ○ ○ ○	○ ○ ○ ○ ○
	○ ○ ○ ○ ○	○ ○ ○ ○ ○	○ ○ ○ ○ ○
	○ ○ ○ ○ ○	○ ○ ○ ○ ○	○ ○ ○ ○ ○
	○ ○ ○ ○ ○	○ ○ ○ ○ ○	○ ○ ○ ○ ○
	○ ○ ○ ○ ○	○ ○ ○ ○ ○	○ ○ ○ ○ ○
	○ ○ ○ ○ ○	○ ○ ○ ○ ○	○ ○ ○ ○ ○
	○ ○ ○ ○ ○	○ ○ ○ ○ ○	○ ○ ○ ○ ○
	○ ○ ○ ○ ○	○ ○ ○ ○ ○	○ ○ ○ ○ ○
	○ ○ ○ ○ ○	○ ○ ○ ○ ○	○ ○ ○ ○ ○
	○ ○ ○ ○ ○	○ ○ ○ ○ ○	○ ○ ○ ○ ○

6. Trouve-toi un pourquoi fort

Le cœur de ton entreprise, c'est ton pourquoi, ta mission.
Il te donnera la passion et l'énergie pour affronter toutes les difficultés !

La compétition étant rude, un pourquoi solide est nécessaire pour sortir du lot et te connecter émotionnellement à tes clients.
Ce sont les fondements d'une marque stable.

Concept du pourquoi de Simon Sinek

e-voluer.com/pourquoi

Exercice pratique

Pourquoi as-tu créé ou veux-tu créer ton entreprise ?
Quelle est ta mission ?

Pourquoi est-elle si importante pour toi ?

Comment veux-tu aider les autres avec tes produits/services ?

Quels problèmes tes produits/services résolvent-ils pour tes clients/prospects ? (Bénéfices finaux)

7. Choisis les valeurs de ton entreprise

Les valeurs de ton entreprise doivent te tenir réellement à cœur.
Cependant, toutes tes valeurs personnelles ne doivent pas y apparaître (une erreur courante).

Choisis tes batailles. Les valeurs sont de magnifiques occasions de te connecter émotionnellement à tes clients mais prends garde, elles peuvent devenir également des barreaux de prison (voir 3.1).

Attention aussi de ne pas être sur une valeur trop "concrète" ou "classique".
Tu dois donner une valeur unique à ta marque qui la fasse sortir du lot.

Par exemple :

Ces marques dépassent le concept de valeur inhérente du produit pour marquer les esprits avec une valeur ajoutée unique.

Exercices pratiques

Quelles sont les valeurs de ton entreprise ?	Que souhaites-tu que tes clients ressentent grâce à tes produits/services ?	Ecris tous les adjectifs qui décrivent ton entreprise

Voici un tableau pour te guider vers d'autres valeurs et attributs pour ta marque

Attributs de marque/valeurs	Perception actuelle				Perception future : dans 2-3 ans			
	Faible	Moyenne	Bonne	Excellente	Faible	Moyenne	Bonne	Excellente
Créativité	○	○	○	○	○	○	○	○
Design	○	○	○	○	○	○	○	○
Confiance	○	○	○	○	○	○	○	○
Innovation	○	○	○	○	○	○	○	○
Expertise/professionnalisme	○	○	○	○	○	○	○	○
Crédibilité	○	○	○	○	○	○	○	○
Performance	○	○	○	○	○	○	○	○
Notoriété	○	○	○	○	○	○	○	○
Connection émotionnelle	○	○	○	○	○	○	○	○
Singularité	○	○	○	○	○	○	○	○
Satisfaction des clients	○	○	○	○	○	○	○	○
Écoresponsable	○	○	○	○	○	○	○	○
Valeurs éthiques	○	○	○	○	○	○	○	○
	○	○	○	○	○	○	○	○
	○	○	○	○	○	○	○	○
	○	○	○	○	○	○	○	○
	○	○	○	○	○	○	○	○
	○	○	○	○	○	○	○	○
	○	○	○	○	○	○	○	○

Bravo ! L'intrigue est dessinée... Place aux scénarios !

Tu es prête pour sublimer ta valeur ajoutée et en trouver de nouvelles !

1
Scénario
Tu deviens ta marque

1.1 Le personal branding

Beaucoup de blogueuses, influenceuses, créatrices… utilisent le marketing personnel ou personal branding. Moi aussi !

Nous sommes notre marque.
Nous représentons le visage, la forme de notre marque (ce qui reste valable même avec un travail en équipe). Cette forme de marketing ne t'oblige pas à montrer ton visage, malgré la tendance.

Les américaines raffolent de cette forme d'exhibitionnisme de leur vie sur leurs sites et réseaux sociaux. Elles utilisent une façade de "vie parfaite" pour vendre à gogo. C'est très efficace !

Si tu n'y vois pas d'inconvénient, tu sauras tirer ton épingle du jeu à condition que tes photos et tes portraits soient réalisés par un pro (un vrai).

En revanche, tu devras te mettre en avant si tu vends du coaching, des services ou produits de "créatrice"… dans lesquels tu dois promouvoir :

- Tes valeurs
- Ton expertise
- Ton expérience
- Un pourquoi lié à ton vécu

Le personal branding est la première façon d'avoir une valeur ajoutée sur mesure et de se démarquer de ses concurrents, soit parce qu'ils font l'erreur de ne pas le faire ou tout simplement parce qu'ils ne sont pas "toi",

Pour ma part, je fais du personal branding à petite dose : pas de photos ni d 'exhibition de ma vie perso :)

> “ *Tu es unique, ta marque doit l'être aussi !*

1.2 Exemple de Branson

Richard Branson a un compte personnel monstrueux : 12,6 millions de followers sur Twitter. Les comptes de ses entreprises sont moins impressionnants : Virgin Atlantic 630,1k ; Virgin Galactic 282,2k ; Virgin Media 338,2k.

Il utilise son profil perso pour renvoyer ses abonnés vers ses entreprises et acheter ses produits/services. Il s'y décrit comme "un aventurier, philanthrope et fauteur de troubles qui déteste les cravates et croit en la concrétisation des idées."

Leçon :
Il faut prendre en compte la curiosité de la nature humaine. Les gens veulent savoir qui tu es dans la "vraie vie", pourquoi tu as créé ton entreprise, quels sont tes talents cachés et les bizarreries qui te rendent unique et attachante !

Cultiver une marque personnelle forte te permet de...

Nouer des liens émotionnels avec tes abonnés

Donner de la visibilité à ton entreprise actuelle et future.

Te relever après chaque échec.
Ta communauté te suivra, peu importe ton projet, puisqu'elle est attachée à ta personnalité et à tes qualités.

On est bien loin d'une façade froide de marque ou d'entreprise.

Est-ce que cela t'oblige à "exhiber" ta famille, tes enfants et le reste ?

Absolument pas, tu pratiques en réalité "l'intime professionnel" c'est-à-dire que tu dévoiles une forme d'intimité, mais contrôlée.
Tu partages ce grand moment de solitude où tu as dû...
Tu parles de cet échec... ou de cette réussite...

C'est plus intime que ce que partage le dirigeant d'Ikéa, mais ce n'est pas non plus de la téléréalité façon Kim Kardashian ;)

Essaie de trouver un juste milieu pour partager, sans aucun malaise.

Exercices pratiques

Pose-toi au calme et complète les exercices suivants.

N'oublie pas qu'on a souvent un regard "faussé" sur soi.
N'hésite pas à demander à des personnes bienveillantes autour de toi qui t'aideront à progresser et à te valoriser !

Exercice 1

Quelles sont les choses que tu peux mettre en avant pour te connecter émotionnellement à tes clients ?
Par exemple : vos "points communs" (être une mère, une entrepreneuse, un lieu de vie, des valeurs, hobbies...).

Comment peux-tu valoriser ton expertise par ton vécu, ta personnalité, ton histoire, ton savoir-faire... ?

Quelles sont les compétences qui te distinguent de tes concurrents (études, autoapprentissage, parcours pro...) ?

Exercice 2

Atelier Storytelling (l'art de raconter les histoires)

Comment vas-tu nous immerger dans ton histoire, nous donner envie de t'aimer et de te soutenir (sans tomber dans le larmoyant-pathétique ou le romancé beaucoup trop parfait) ?
Ex : utiliser ton histoire pour transmettre d'importantes informations nécessaires à ton client

Quelles sont les belles qualités que tu ne devrais pas cacher à tes clients ?
Ex : ton côté mignon Gaston Lagaffe, ton sens de l'humour piquant, ta douceur et ton empathie...

Quels sont les défauts qui te rendent humaine ?
Ex : ton manque d'organisation, tes difficultés à jongler entre ta vie pro/perso, ta réaction dans telle ou telle situation...

Exercice 3

Crée une autobiographie, en quelques phrases.

Utilise une description attachante, amusante, qui pique la curiosité. N'hésite pas à forcer un peu le trait, sans tomber dans le mensonge bien sûr.

Inspire-toi de la description de Richard Branson, la revoilà :

"Un aventurier, philanthrope et fauteur de troubles qui déteste les cravates et croit en la concrétisation des idées."

A toi de jouer !

Désormais, tu décideras peut-être de te présenter en tant que personne et non plus en tant que marque. Il est alors temps de te rendre "Googlelisable" !

- Crée ou modifie tes comptes pro sur les réseaux sociaux (Instagram et Facebook...)
- Soigne la page "A propos" sur ton site
- N'hésite pas à faire un site très perso avec des photos de toi partout
- Ta ligne éditoriale doit être cohérente peu importe tes supports (utilise le tutoiement).

e-voluer

2
Scénario

Ton équipe, le pilier de ta communication

2.1 Ton équipe, ton fer de lance

Tu as sélectionné ton équipe avec soin (normalement).
Elle contient des pépites tant par leurs personnalités que par leurs talents.
C'est une vraie force de parler d'eux (même avec un personal branding).

Quoi de plus rassurant pour des abonnés que
... de connaître à l'avance Aurélie 35 ans, maman de 2 enfants et experte en chaussures depuis 4 ans ?
... de savoir qu'ils seront compris et conseillés pour trouver LA paire parfaite pour le mariage de tante Agatha (surtout si la vente ne se fait pas en présentiel) ?

C'est tellement plus agréable de pouvoir mettre un visage et une identité sur une voix.

Pour cela, fais un trombinoscope original sur tes pages "Qui sommes-nous ?"ou "Équipe".
Fais preuve de créativité et montre l'esprit de la marque.
Pense à mettre des photos amusantes (en évitant les dessins si possible), puis ajoute un mot clé ou un mini paragraphe.

Source photos: Canva.com

2.2 Exemple de Michel et Augustin

Michel et Augustin en ont fait une vraie force !

Sur les paquets de tous leurs produits, les réseaux sociaux et leur site, tu peux voir, les "Trublions du goût" à la Bananeraie (leur local), suivre leurs aventures, leurs formations et défis complètement fous.
L'équipe est omniprésente, un formidable atout pour leur communication et leurs liens avec les clients.

Cerise sur le gâteau :
Une marque aussi sympa, avec une telle réputation n'a aucun problème pour recruter de supers talents. Ils donnent vraiment envie !!!

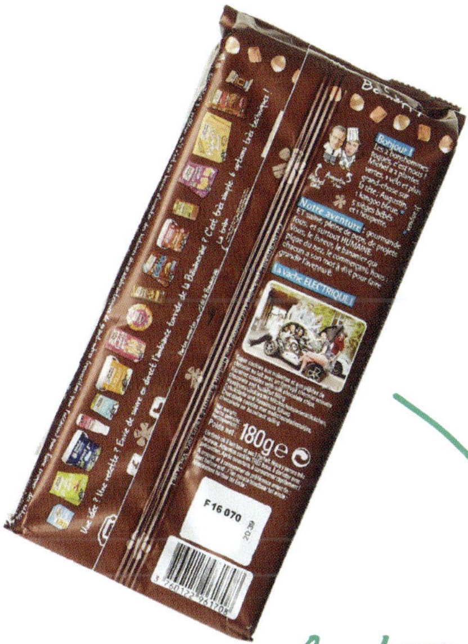

La team

Source photos: Michel et Agustin

Exercices pratiques

Tu peux choisir de mettre en avant les "pièces maîtresses" de ta team.

C'est un moyen de valoriser les meilleurs éléments et d'encourager les autres à faire de leur mieux.

Exercice 1

As-tu une politique de recrutement à mettre en avant ?
(Ex : favoriser les femmes à des postes techniques, favoriser la reconversion professionnelle...)

Quels membres de ton équipe mettent le plus en avant la qualité de tes produits ?

Quels membres de ton équipe sont les plus proches de "l'esprit" de ta marque ?

Comment peux-tu créer une Team soudée et engageante autant pour ton management en interne que pour ta communication ?

Exercice 2

Entraîne-toi et valorise tes collaborateurs en complétant le tableau suivant.

Prénom	Poste	Superpouvoirs	Supers qualités	Bizarreries et particularités	Présentation
Maribel	Créatrice de logo surpuissante et talentueuse	Capable de s'adapter à n'importe quelle marque. Virtuose du pinceau numérique	C'est le coeur d'E-voluer, e le nous fait battre à l'unisson et transmet par sa belle personnalité chaleur et affection à toute l'équipe.	Elle adore les loups et les mangas et pourrait manger son poids en chocolat	La Wonder Woman de la création de logo et le cœur d'E-voluer. Véritable fan des loups (même sur son logo). Superpouvoir ? Manger son poids en chocolat sans être (trop) malade !!

3 Scénario

Tes valeurs insoupçonnées

Il existe différentes façons d'utiliser tes valeurs et ton environnement pour sortir du lot.

3.1 Une marque locale

Les mastodontes des enseignes mondiales cherchent des moyens de mettre en avant leur côté "local".

- H&M collabore avec des stylistes locaux
- AccorHotels propose des produits du terroir au petit déjeuner
- Nike a lancé "Nike + Run Club", un concept de courses hebdomadaires avec des coureurs locaux

Si pour elles, l'exercice revient à faire passer un chameau dans le trou d'une aiguille, pour toi, cela devrait être nettement plus simple ;)

Tu peux mettre différentes choses en avant

- Tes fournisseurs locaux
- Ta production centralisée dans ton pays
- Le fait main
- Le fabriqué dans ton pays ou en Europe
- Les labels artisanaux
- L'aide que tu apportes au niveau local

Fais preuve de transparence. Tes clients se sentiront en confiance et en sécurité, ce qui n'est pas forcément le cas avec les grosses marques.

Attention, tes valeurs peuvent devenir également des barreaux de prison. Par exemple, si tu favorises le "fabriqué en France" à titre personnel, l'intégrer dans ton entreprise aura d'importantes conséquences sur le choix des fournisseurs, des matériaux... donc sur tes coûts et ta capacité à concurrencer les autres marques sur les tarifs !

Ne l'oublie pas !
C'est un calcul que tu dois prendre en compte pour ne pas te sentir prisonnière !

3.2 Ton environnement mis en scène

Ton environnement inclut, entre autres choses :

- Tes points de vente
- Tes boutiques partenaires
- Ton site internet
- Ta boutique physique
- Ton application mobile

Tu peux aussi mettre en avant la proximité, la simplicité d'usage, la chaleur humaine, la qualité de l'accueil et la décoration de tes boutiques physiques.

Pour la vente numérique, pense à avoir une expérience utilisateur optimisée !

En gros, demande-toi ce que tu fais pour rendre heureux tes clients sur tes points de vente !!!

Restaurant Arancina, London

Restaurant végétarien Rayen

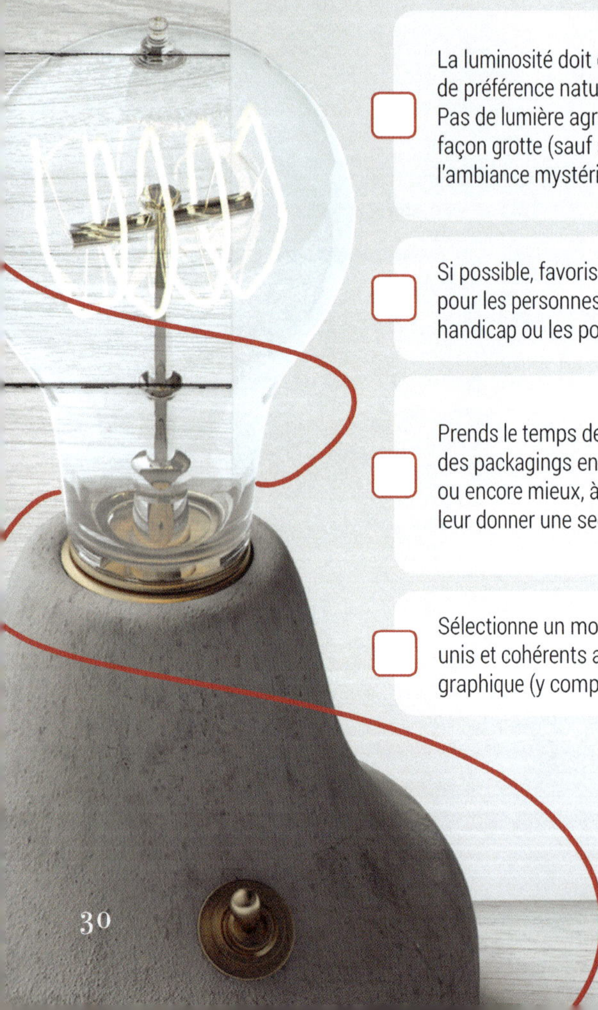

Bichonne ta boutique

- [ ] Favorise une bonne odeur (attention aux allergies !!!)
- [ ] Structure l'espace pour que le placement de tes produits soit clair et bien indiqué (par couleur, prix, catégorie)
- [ ] Ton espace est petit ou peu lumineux ? Joue avec les miroirs
- [ ] Favorise le placement des produits à la bonne hauteur (les produits lourds et pour enfants vers le bas, les produits précieux/fragiles en hauteur, les plus chers à portée du regard...)
- [ ] La luminosité doit être douce et de préférence naturelle, mais suffisante. Pas de lumière agressive, ni d'éclairage façon grotte (sauf si tu as une boutique à l'ambiance mystérieuse ou gothique :)
- [ ] Si possible, favorise des passages larges pour les personnes en situation de handicap ou les poussettes
- [ ] Prends le temps de concevoir des packagings en accord avec ta marque ou encore mieux, à double usage pour leur donner une seconde vie après achat
- [ ] Sélectionne un mobilier et une décoration unis et cohérents avec ta charte graphique (y compris les présentoirs)
- [ ] Exploite l'espace, mais laisse du vide pour aérer et ne pas oppresser tes visiteurs
- [ ] Ta boutique doit être visible. Favorise un lieu de passage et une enseigne originale ou une vitrine tape à l'œil ou insolite
- [ ] Crée des ambiances dans ta vitrine en fonction des saisons. Si tu as la réputation d'être inventive dans ces ambiances, tu fidéliseras tes clients qui passeront juste par curiosité
- [ ] Propose des boissons gratuites (ex. Nature & Découvertes)
- [ ] Pense à cacher le stock à l'abri des regards (de préférence dans l'arrière boutique).
- [ ] Si tu as une salle d'essayage ou de détente, profites-en pour la décorer avec goût.
- [ ] Place des "petits" produits pas chers, près de la caisse pour augmenter le prix moyen d'un passage en caisse
- [ ] Limite le nombre de couleurs (3 max)
- [ ] Si tu as des toilettes, veille à ce qu'elles soient blanches et étincelantes. Tes clients doivent se sentir en confiance en posant leur royal fessier et ne doivent manquer ni de papier, ni de savon... (les dérouleurs muraux fermés à clé sont le top pour éviter les vols)
- [ ] Favorise les 5 sens pour créer une expérience ludique et agréable (source de bonheur) pour fidéliser tes clients.

Prends en compte la vente multiforme

- [ ] La majorité des clients regardent le site d'une boutique avant de venir acheter sur place
- [ ] Les coordonnées de ta boutique physique doivent être faciles à trouver en ligne
- [ ] Ta gestion des stocks doit être parfaite entre le site et la boutique
- [ ] Il doit être possible d'acheter en ligne et de retirer en boutique gratuitement
- [ ] Offre l'option d'échange et remboursement en boutique des produits achetés en ligne
- [ ] Propose une expérience d'achat rapide et personnalisée, même en boutique

- [ ] Sois cohérente en matière d'identité visuelle et de ton dans ta communication virtuelle ou en boutique
- [ ] Utilise ton site pour stocker les informations clients (dans le respect des RGPD) pour retrouver leur carte cadeau, cumuler des points, partager une liste de souhaits, acheter sur place un panier abandonné, utiliser un code de réduction...)

Jo Malone London

Exercice 1

Evalue ton environnement. Comment peut-il impacter ta marque ? Pour cela, utilise la matrice SWOT ci-dessous.

NB : Tu peux également étudier la concurrence avec la fiche en chapitre 2.

Bilan de mon entreprise au : ______ / ______ / ______

La méthode

TES FORCES (strengths)

Quels éléments peux-tu mettre en avant pour valoriser l'aspect local de ton entreprise ?

Que fais-tu déjà de bien ?

Quelles sont les ressources existantes qui peuvent t'aider ?

Quelles sont les qualités qui te différencient de tes concurrents ?

Quelles sont les forces de tes points de vente ?

Qu'as tu travaillé pour marquer les esprits et offrir une expérience client unique ?

Autre

TES FAIBLESSES (weaknesses)

Qu'est-ce qui te manque ?

Qu'est-ce que les concurrents font mieux que toi ?

Dans quels domaines dois-tu absolument t'améliorer ?

Tes points de vente sont-ils banals, mal présentés/ localisés, peu/pas pratiques... ?

Dois-tu renforcer l'expérience client dans tes points de vente pour sortir du lot ?

e-voluer

Vidéo coup de pouce

e-voluer.com/swot

LES OPPORTUNITÉS (opportunities)

Y a-t-il des labels ou autres estampilles que tu pourrais avoir ?

Pourrais tu envisager des partenariats avec des entreprises ou fournisseurs locaux ?

Est-il possible de faire promouvoir ton activité par la commune, la région, dans le cadre d'une foire, d'un projet local... ?

Peux-tu à moindre coût organiser/participer à un événement local qui mettrait en avant les valeurs de ta marque, tes produits/services ?

Autre

LES MENACES (threats)

Tes concurrents, anciens et nouveaux

Tes points de vente

Ton positionnement vis-à-vis du local

Autre

Exercice 2

Evalue tes points de vente physiques et numériques. Quels éléments remporteront l'Oscar ?

Originalité de la décoration/ de l'esthétique et de l'univers

☆☆☆☆☆

Facilité à se repérer, trouver ce que l'on cherche

☆☆☆☆☆

Proximité

☆☆☆☆☆

Chaleur de
l'accueil

☆☆☆☆☆

Facilité d'utilisation
(site)

☆☆☆☆☆

Mise en avant
du local

☆☆☆☆☆

Simplicité, réactivité
et expérience
utilisateur pour
la vente numérique

☆☆☆☆☆

Aspect ludique,
découverte et
expérience des 5 sens

☆☆☆☆☆

Mise en avant
de "l'humain"
(personnes/équipe)

☆☆☆☆☆

Focus sur ton site

> Plus qu'un acte de présence en ligne, il te faut un site unique, reflet de ton univers, conçu pour séduire tes clients idéaux.

Tu as besoin d'un site internet professionnel de qualité pour ...

- Ne plus galérer avec ton site actuel qui ne vend pas ou ne te ressemble pas.
- Ne plus avoir à justifier tes prix ou poursuivre tes clients
- Inviter et faire découvrir ton univers (unique comme toi)
- Te rendre fière de partager ton histoire et tes rêves
- Sublimer ton image de marque
- Te permettre d'être trouvée, connue puis reconnue au premier coup d'œil
- Développer ton business en attirant les visiteurs et ton client idéal
- Vendre et parler pour toi 24h/24h, dans le monde entier !
- Gagner en notoriété et te positionner comme experte
- Être une source de revenus réguliers

Pas de panique, tu n'as pas besoin d'avoir beaucoup de produits, ni une boutique, ni d'être une pro de l'informatique ou de maîtriser WordPress !!

Je te propose toute mon expertise au service de ton projet pour une réflexion en profondeur, incluant :

- Une stratégie globale
- Un accompagnement et une méthodologie de travail
- Une expérience client optimale
- Un contenu impactant
- Un site e-commerce au design unique
- L'installation des outils pour faire décoller ton business
- Un système de sauvegarde et de sécurité
- La simplicité avant tout
- Une identité graphique harmonieuse qui a du sens

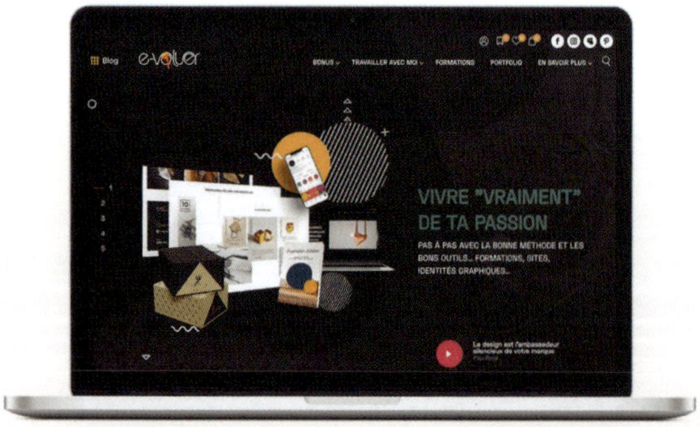

Tu peux me contacter pour étudier tes besoins ou me poser tes questions

www.e-voluer.com

4

Scénario

Ta marque et son univers inoubliable

Une marque forte est un incroyable moyen de se différencier de tes concurrents !

Pourquoi des marques qui vendent des produits “basiques” sortent du lot mieux que d’autres ?

Pourquoi Oasis n'est pas une banale marque de boisson ?
Pourquoi tout le monde connaît Burger King alors qu'il revient en France après une longue absence ?
Ils ont une histoire et des personnages qui nous font rire !

Nos choix sont conditionnés par nos émotions.
Une étude sur un américain accidenté ayant perdu la capacité de ressentir des émotions a prouvé que sans elles, les choix les plus simples comme "fourchette ou cuillère pour manger?" pouvaient se rallonger de plusieurs heures !

Qu'on soit du genre "rationnel" ou "coup de cœur", les émotions prennent une part importante dans notre décision de choisir tel ou tel produit pourtant coûteux ou de considérer un achat de 5€ comme au-dessus de nos moyens !

RAPPEL :

L'univers de ta marque doit être construit autour de ton client idéal et axé sur un seul objectif : le rendre heureux. Prends en compte les émotions !

4.1 N'oublie pas le concept

L'univers autour de ta marque peut être construit autour d'un concept plus ou moins fort (ce n'est pas obligatoire).
Cela peut jouer énormément sur la vente de produits physiques.

Certaines de mes clientes ont construit des univers complets avec des histoires, un langage, un univers graphique qui s'utilisent à merveille sur tous les supports de communication (site, catalogue, réseaux sociaux, stand...).

C'est un excellent moyen de déclencher un coup de cœur, grâce à l'ambiance générale de ton stand ou local.
Pour cela, une fois ton univers déterminé, n'hésite pas à chiner des objets, fouiller Pinterest et aller voir ce qui se fait dans d'autres pays.

Prenons l'exemple du zéro déchet et analysons différents concepts possibles :

Le **haut de gamme,** avec des tissus nobles, des motifs élégants, "fabriqué en France", sans produit chimique et assortis au design des intérieurs les plus délicats.

Le **"spécial enfants"** durable, résistant, aux motifs modernes, loin des clichés fleuris et bleu/rose classiques.
Cible : de jeunes parents exigeants qui veulent éviter les stéréotypes de genre et préserver leurs enfants des substances nocives, grâce aux tissus labellisés.

La **version "Dark",** aux motifs rock and roll et gothiques pour un public qui s'intéresse à la planète et au métal !
Des tissus très éloignés des standards colorés et fleuris, privilégiant le noir, le violet et d'autres teintes et motifs plus matures !

Et ainsi de suite, les possibilités sont infinies...

Le Japon : les experts du concept

Les Japonais créent des centaines de concepts chaque année. Ils transforment une simple pâtisserie ou café en un endroit unique. Le monde entier s'en inspire et les adopte (les Escape Games par exemple).

La France est le plus grand consommateur de produits et concepts japonais : bar à chats, à chiens, à mangas, à jeux de société, loves hôtels...

Outre le concept original et déjanté, il y a un vrai soin des détails, de l'ambiance et une décoration à tomber : meubles, musique, costumes des serveurs/serveuses, vocabulaire et règles uniques.

Les concepts ne sont pas tous heureux.
Cependant, ils piquent la curiosité et fidélisent les clients.

Le café coréen pour instagrameurs

Il propose des pancakes, rien de nouveau sous le soleil !
Et pourtant il est blindé avec une queue qui s'étend dans toute la rue ! Pourquoi ?
Leur pancake n'est pas meilleur qu'ailleurs, ni composé d'ingrédients coûteux, mais il est mou et rebondit comme de la gelée !

Tous les jeunes de la capitale se sont précipités pour faire des stories Instagram afin de montrer le mouvement de la gelée avec boomerang (la fonction d'Instagram).

Oui je sais, il en faut si peu parfois !
Ils ont compris l'importance de faire du beau ou de l'original pour permettre aux instagrammeurs (leurs clients idéaux) de frimer sur les réseaux.

Depuis, ils ne font que des desserts instagrammables !
C'est leur concept !

Le caillou de compagnie (Pet Rock)

Gary Dahl est un exemple typique de la folie de l'être humain. Un concept façon ancêtre du tamagotchi et une dose de culot stratosphérique… rien d'autre ! Enfin, si tout de même, 1,5 millions de ventes O_o

Le Pet Rock était LE cadeau à offrir à Noël en 1975 aux Etats-Unis (après la guerre du Vietnam, les gens avaient besoin de légèreté).
On pouvait donc pour 3,95 $, s'offrir un cailloux, une boîte en carton avec des trous d'aération (comme pour un hamster) et un guide pour le nourrir, l'entraîner et prendre soin de lui.

Bref, tu l'auras compris, le concept est parfois l'essence pour vendre des produits/services "pourris" mais en quantité pharaonique et à prix d'or.

Pourquoi toi, qui vends un BON produit/service, ne ferais-tu pas pareil ?

Exercices pratiques

Elabore un concept à partir de ces différents axes :

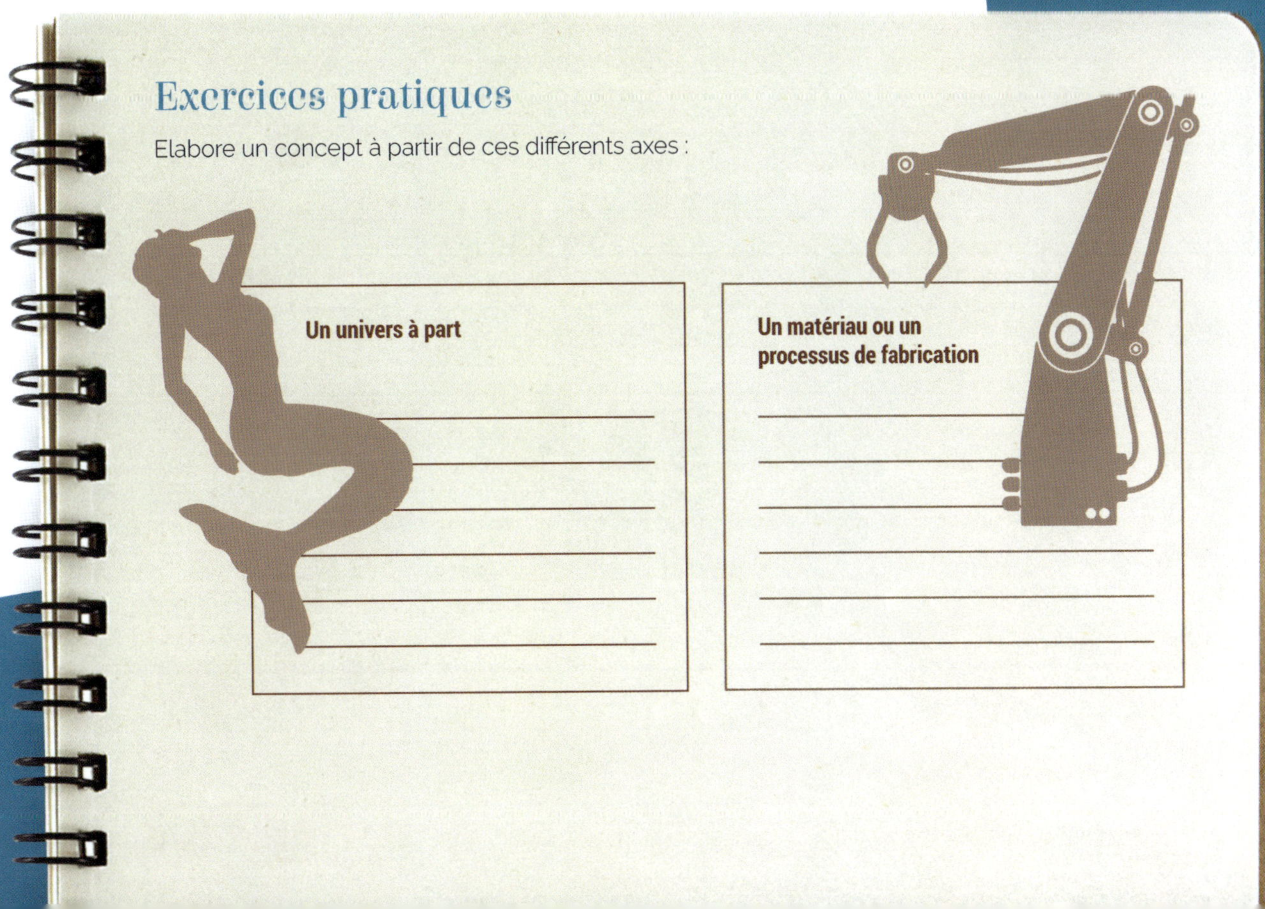

Un univers à part

Un matériau ou un processus de fabrication

4.2 Sors du lot avec un nom de marque unique et impactant

Le nom de ta marque est très important,
il pose les bases de la relation, inspire et engage émotionnellement tes prospects et clients !

Le slogan, non obligatoire, permet aussi de mettre en avant ta philosophie et ta valeur ajoutée !
Il peut apparaître ou non sur ton logo (ex. le slogan de Dove "Pour toutes les beautés").

Psstt ! J'ai entendu parler d'un super ebook gratuit à ce sujet sur mon site ;)

www.e-voluer.com

4.3 Trouve ta plume : la ligne éditoriale

Ta ligne éditoriale est le ton avec lequel tu parles, mais aussi le langage propre à ta marque qui transportent tes lecteurs au cœur de ton univers.

Par exemple, chez Disney tu n'es pas un client mais un invité.
Ces détails soignés plongent les clients dans une expérience unique, histoire de sortir de la masse !

Ta marque est une personne à part entière avec un ton particulier, un caractère, un sens de l'humour...

Attention !
Sois cohérente. Si ta façon de t'exprimer change, tu auras l'air brouillon O_O

Innocent, la marque de jus qui donne une dose de bonne humeur

A travers les différents textes de leur marque, on retrouve cette idée, ce fil rouge : donner le sourire !

Comme par exemple sur le nom des produits :

- 1,2,3 soleil
- Fraise kiss
- Faites la mûre
- Cool Carrot
- Kiwi m'aime me suive
- C'est parti mon coco

Ou sur leurs affiches publicitaires dans le métro, pleines d'humour et de jeux de mots :

- "Si les gens attendent sur le quai d'en face, c'est juste pour vous voir"
- "Vous êtes parfait(e) sur toute la ligne"
- "Vous êtes encore mieux qu'une place assise un lundi matin à 9h"

Exercices pratiques sur ta marque

Si ta marque était un individu, quelle personnalité aurait-il ?

A quelle célébrité comparerais-tu ta marque ?

Écris 6 adjectifs qui décrivent le mieux ta marque :

Tu es maintenant prête à choisir le ton ou la "façon de parler" de ta marque, comme par exemple ajouter des pointes d'humour ou pas, tutoyer ou vouvoyer, proximité ou distance...

Conseils pour ta ligne éditoriale :

Trouve l'équilibre pour attirer et non repousser ton lectorat !

Le ton que tu adoptes doit être cohérent sur tous tes supports de communication (site web, blog, réseaux sociaux, newsletter, campagne d'emails...), bien que tu puisses faire des écarts de temps en temps !

Fais ta propre sauce et teste-la auprès de tes clients

En fonction des avis clients, de leurs commentaires et témoignages, tu sauras ajuster le ton tout comme tu le fais pour n'importe quelle recette de cuisine !

Choisis la façon de parler de ta marque en dosant, grâce à des curseurs, les ingrédients suivants :

4.4 Raconte de belles histoires (le storytelling)

Nous avons remplacé les contes d'Andersen et de Grimm de notre enfance par les romans, les séries Netflix et les commérages sur l'histoire d'amour de la voisine de bureau de ta meilleure amie… et oui, je suis au courant =)

Blague à part, notre quotidien est fait d'histoires qui nous passionnent et nous font mémoriser des informations. C'est le cœur de la publicité, des pages de vente : faire rêver, projeter le client dans un monde idéal…

Comment donc raconter de belles histoires et se différencier de tes concurrents?

J'ai déjà évoqué le storytelling pour le personal branding, mais tu peux le faire également pour ta marque.

L'histoire de ta marque est personnelle, donc unique. C'est ce qui te permet de lui donner une voix.

Raconte par exemple :

- L'histoire de tes clients, leurs réussites ou bonheurs liés à tes produits/services. C'est un moyen unique de raconter ton produit à travers leur regard.
- L'histoire de tes produits, tes services, leurs noms et descriptions…
- Les coulisses de la marque ou de ton équipe

Plutôt que d'en faire un roman, tu peux distiller le contenu de tes belles histoires sur tes pages de vente, tes articles de blog, ta page à propos, ta page de témoignages, des anecdotes sur les réseaux sociaux sur toi ou tes équipiers, des fournisseurs…

Ce que l'on veut, comme pour les films, c'est de l'amour, du rire, du drame, des rebondissements, des larmes, du suspense… !

- C'est ce jour où à 10 minutes du lancement tout a dérapé, mais finalement…
- C'est ce moment si dur, quand tout est tombé à l'eau et que tu as eu besoin d'une bonne dose de courage…
- C'est cette cliente qui t'a réchauffé le cœur ce jour si particulier…

Quelques recommandations pour créer de belles histoires :

- Reste simple, l'objectif étant de susciter l'émotion. Plante le décor, explique le problème et la solution puis une fin heureuse.
- Reste humaine : si tu n'es pas authentique, la connexion émotionnelle avec le client ne prendra pas (sauf si tu as un univers de marque romancé).
- Sois toi-même, vraie et unique. C'est la meilleure ligne éditoriale !
- Utilise ces histoires au quotidien dans tes supports de communication. Elles font partie intégrante de l'identité de ta marque.

Exercice pratique

Quels types d'histoires peux-tu partager ?

Sur quels supports ?

Comment peux-tu distiller ces histoires pour créer de la confiance ?

Comment vas-tu gagner l'affection de tes clients ?

4.5 Brille de mille feux avec ton identité visuelle

Ta marque est une entité à part entière avec une personnalité et un look. Elle doit inspirer confiance, envie, curiosité, mais elle doit surtout être harmonieuse (comme ta ligne éditoriale).

Qu'est-ce qui fait que tu repères un smoothie Innocent à 10 m ? Ou un produit Michel et Augustin ? Chanel ? Le packaging distinctif est basé sur leur identité de marque unique !

Les tablettes de chocolat sont toutes rectangulaires et plates… sauf les délicieux Toblerone !

Pour reprendre les paroles de David Swanson, "Tu n'auras jamais une deuxième occasion de faire une bonne première impression" !

Grâce à ton logo, ton packaging, les graphiques sur tes réseaux sociaux et les couleurs utilisées, tes clients et prospects peuvent te reconnaître en un seul coup d'œil !

La charte graphique est là pour t'aider à concevoir un univers graphique bien défini et compléter visuellement la ligne éditoriale.

> *75% des consommateurs sur le web jugent une marque sur son design en moins de 5 secondes*

4.6 Ton logo principal

Ton logo est l'ambassadeur qui va se retrouver sur toutes tes communications.
Il doit être d'une qualité graphique irréprochable et dans les bons formats.

Un logo professionnel t'offre l'assurance de changer de taille sans perdre en qualité (du sticker à l'écran de ciné...) sans être pixélisé. Il s'agit du format vectoriel.

Quel que soit le style, ton logo doit être mémorable, intemporel, approprié et unique.
Il existe de nombreux types de logos, chacun renvoyant un message particulier à l'inconscient collectif.

Voici un résumé des différentes "grandes familles" de logos :

MONOGRAMME

C'est un bon choix pour une marque déjà connue ou une version épurée d'un nom de marque trop long. On mise sur la simplicité (ex : IBM)

Qu'est-ce qui est le plus facile à retenir : NASA ou National Aeronautics and Space Administration ?

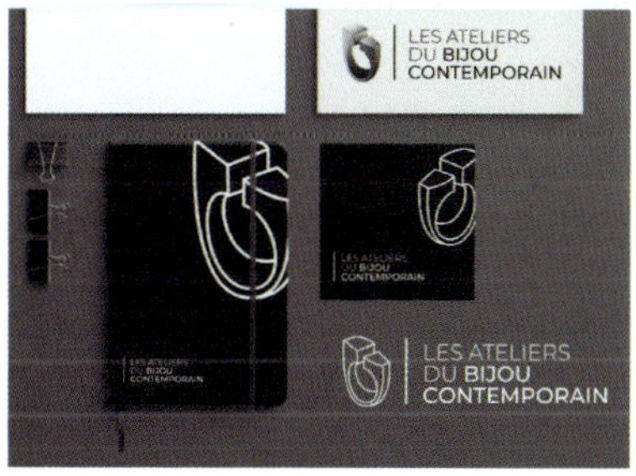

PICTOGRAMME

Le logo pictogramme va droit au but. C'est la représentation de ton entreprise avec un symbole simple.

Il ne peut pas porter un univers graphique, mais il est idéal pour une start-up ou une marque minimaliste (ex : Apple ou Twitter).

COMBINÉ

C'est le type de logo le plus courant et polyvalent.
Il est composé d'une illustration (pictogramme, mascotte, forme abstraite...) et d'une typographie.

Il peut être utilisé avec ou sans illustration (ex : Lacoste) sauf pour les logos intégrant l'un avec l'autre (ex : Burger King).

ABSTRAIT

Composé d'une forme géométrique, sans lien apparent avec la marque, ce logo permet d'avoir une représentation visuelle unique.

C'est un logo original qui demande de bien comprendre la signification des formes dans l'inconscient collectif (ex : Adidas ou Pepsi).

MASCOTTE

Logo illustré souvent coloré et amusant pour représenter une marque avec un personnage.
Il fait partie des logos les plus difficiles à concevoir (ex : KFC).

Idéal pour sortir du lot et avoir un personnage qui pourra être reproduit en diverses situations selon les supports.

Il est parfait pour les marques voulant avoir un petit côté pétillant et les marques pour enfants.

MOT-SYMBOLE

Uniquement basé sur le nom de l'entreprise, le choix de la typographie et des couleurs est essentiel !

Attention au risque de faire un logo passe partout !

Il est très utilisé par les marques de joaillerie, de mode et d'autres services coûteux (luxe, avocats, comptables...) et certaines institutions officielles. (ex : Coca Cola, Google).

EMBLÈME

Le texte est intégré à l'icône/symbole comme sur les badges, les sceaux ou les blasons. Le résultat fait souvent vintage ou old-school (ex : Starbucks.).

L'aspect traditionnel fait penser aux écoles, institutions publiques et marques de bières.
Attention ! Logo complexe, qui mal travaillé, devient incompréhensible.

4.7 Les variantes de ton logo

Le logo principal doit avoir des versions moins détaillées et moins colorées, avec des formes simplifiées permettant d'empiler les éléments pour un rendu parfaitement carré.

C'est le principe d'un logo responsive.

On retrouve, entre autres, le favicon (la version la plus petite) et le watermark (la version tampon)

4.8 Ta palette de couleurs

Les couleurs influencent nos émotions, qui sont au cœur de nos décisions, y compris celles d'achat ! Elles définissent aussi la personnalité d'une marque et créent l'ambiance de tous tes supports de communication.

Bleu
Symbole du calme, de la confiance et du professionnalisme.
Très courant sur les marques médicales ou officielles. Idéal pour les produits novateurs.

Vert
Symbole de la nature, croissance, stabilité.
Parfait si ton entreprise est écoresponsable, bio...

Violet
Couleur des personnes rêveuses et spirituelles plutôt que matérielles.
Très utilisée dans le secteur du luxe.

Rose
Couleur préférée des jeunes filles.
En jouant sur les tons rose pastel, poudré ou néon, on cible un marché féminin tendance ou plus âgé.

Rouge
Symbole des émotions fortes (excitation, pouvoir, passion...).
Pour les entreprises jeunes et dynamiques.

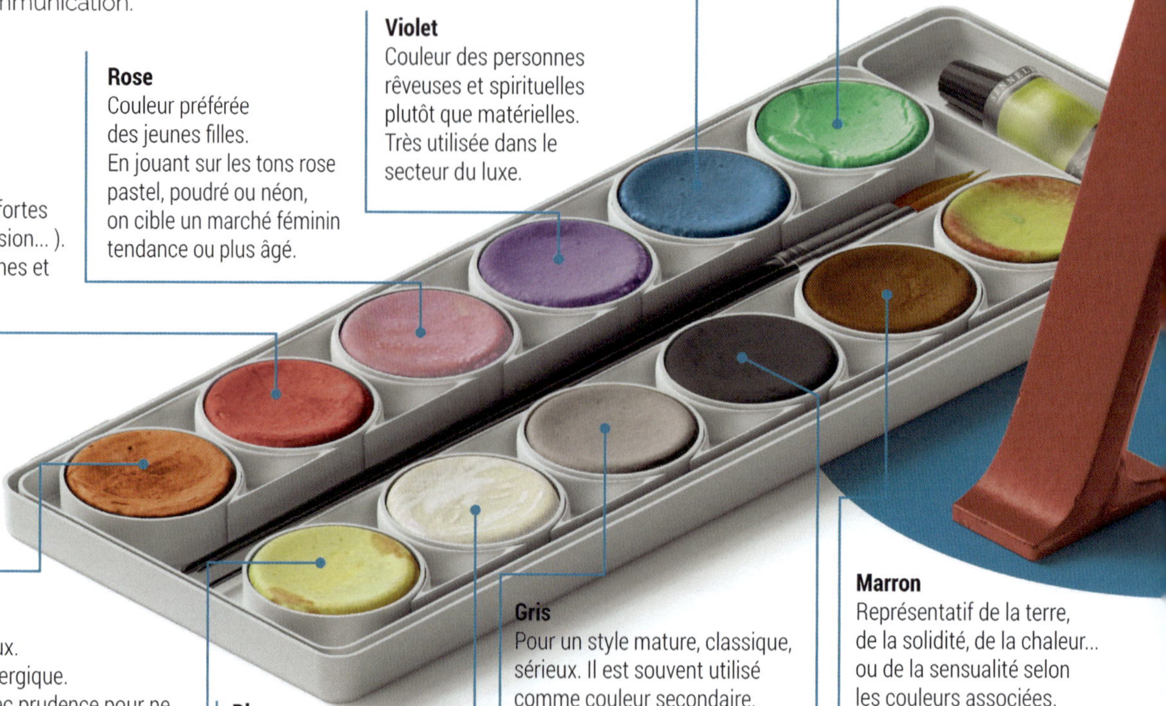

Orange
Caractère vibrant, convivial, énergisant.
Plus ludique et chaleureux que le rouge.

Jaune
Amical, disponible, joyeux.
Pour un public jeune, énergique.
Le doré est à manier avec prudence pour ne pas avoir un logo clinquant et creux.

Blanc
Symbole de pureté et d'innocence. Le blanc ou l'argent donne un look moderne et minimaliste, frais et lumineux.

Gris
Pour un style mature, classique, sérieux. Il est souvent utilisé comme couleur secondaire.

Noir
Pour un look sobre, élégant, luxueux ou moderne. Simple mais toujours efficace, le noir et blanc.

Marron
Représentatif de la terre, de la solidité, de la chaleur... ou de la sensualité selon les couleurs associées.
Souvent utilisé pour des logos rustiques, vintages et masculins.

Il existe plusieurs règles pour les couleurs.

En voici quelques unes :

- Pas d'arc en ciel, 3 couleurs max
- Attention à l'or, l'argent, le bronze et le noir pour ne pas tomber dans les clichés ou le ridicule
- Attention aux combinaisons malheureuses, les couleurs ne vont pas toutes ensemble
- Attention aux amalgames, toutes les nuances de rose ne font pas girly ni toutes celles de bleu garagiste !
- L'impact des nuances de chaque couleur est essentiel pour atteindre l'équilibre

4.9 Ta combinaison de typographies

LA TYPOGRAPHIE :
Il y a 4 grands types de typographie : Serif, Sans Serif, Script, Display
Chacune est répartie en dizaines de sous-catégories !

Savoir combiner les typographies est tout un art, surtout si tu souhaites que la lisibilité soit impeccable tant sur un écran de mobile que sur une pancarte gigantesque !

La combinaison typographique idéale aide à la cohérence et à développer ton propre style ! Elles jouent un rôle important dans un logo car elles te donnent la classe… ou te mettent la honte :)

Serif	Sans Serif
Aa — Lorem ipsum dolor sit amet, consectetuer adipiscing elit. Aenean commodo ligula eget dolor. Aenean massa. **Times New Roman**	Aa — Lorem ipsum dolor sit, consectetuer adipiscing elit. Aenean commodo ligula eget dolor. Aenean massa. **Raleway**
Script	**Display**
Aa — *Lorem ipsum dolor sit amet, consectetuer adipiscing elit. Aenean commodo ligula eget dolor. Aenean massa.* *Abuget*	Aa — Lorem ipsum dolor sit. consectetuer adipiscing elit. Aenean commodo liqula eget dolor. Aenean massa. **Roboto Slab**

Voici quelques exemples de logos où la police d'écriture fait la différence.

4.10 Les symboles récurrents (icônes, motifs, illustrations)

Les éléments illustrés, les motifs et autres icônes ajoutent une touche unique, effet boeuf garanti !

Ces symboles font partie de ton identité graphique. Ils doivent être harmonieux avec ta palette de couleurs, la personnalité de ta marque et le style graphique général !

Utilise les mêmes sur tous tes supports de communication.

Attention !

- Ne mélange pas les styles graphiques
- Le style bande dessinée ne se prête pas à toutes les marques !
- Chaque forme a sa propre signification sur l'inconscient ! (ex : les formes rectangulaires, triangulaires et carrées symbolisent la force, l'efficacité et la stabilité).
- Veille à bien combiner et harmoniser les formes comme les couleurs !

4.11 Le style des photographies

La qualité des photographies est primordiale pour vendre sur un site internet ou pour valoriser ton produit.

Le mieux reste de se former ou de faire une séance avec un photographe pro.

Pour Instagram comme pour ton site, la cohérence permet un rendu de meilleur qualité et professionnel. Si la composition est bien faite, en relation avec ton univers, le résultat sera très qualitatif !

S'il te manque des photos, tu peux utiliser des images libres de droit commercial.

4.12 Place à la pratique !

Tes supports de communication (site, carte de visite, ebook, flyers, réseaux sociaux…) méritent un design de haut vol pour faire briller ta marque !

Un graphiste est un professionnel qui a l'œil éduqué pour les couleurs, les tendances et les règles esthétiques et techniques d'une bonne identité visuelle, en particulier d'un bon logo.

Faire appel à un pro est un gage de réussite, si tu sélectionnes un professionnel alliant expertise ET expérience.

C'est la garantie de compter sur un artiste, penseur et technicien capable de faire différents styles avec souplesse et créativité.

Nos priorités

Chez E-voluer,
notre experte a plusieurs
années d'expérience,
des centaines d'identités
visuelles à son actif et
un œil de lynx pour faire
des logos qui plaisent autant
à leurs propriétaires
qu'à leurs clients.

- Un accompagnement et une méthodologie de travail
- Analyser les différents aspects de ton activité
- Concrétiser tes idées en visuels
- Rendre ta marque mémorable et reconnaissable
- Associer esthétique, aspect pratique et vente

Je me sens enfin légitime,
j'ai une vision globale
de mon entreprise,
sans dispersion.
Les choses sont plus claires
et précises dans mes prises
de décisions (choix des
accessoires, des couleurs
et choix en général...).
Je me sens authentique,
c'est MOI

Maud R.

Lance-toi !!!

RDV découverte
gratuit sur

www.e-voluer.com

evoluerfr | e_voluer | Evoluer.fr

5 Scénario

Travaille ton offre intelligemment

Difficile de créer un produit/service innovant !
La plupart du temps, nous proposons une version améliorée avec un petit quelque chose en plus.

Alors comment briller malgré tout ?

5.1 Distingue-toi

Pense à Charlie Chaplin, Cyrano de Bergerac, les Marx brothers… des personnages inoubliables !
La solution pour te démarquer se trouve souvent après un brainstorming de groupe. Pose aussi la question à tes clients et étudie tes concurrents. Tout est permis pour trouver l'inspiration.

Voici quelques idées :

Inclure ta signature artistique dans tes produits créatifs

La forme de ton offre peut radicalement changer un produit banal en quelque chose d'exceptionnel.
Ex : Avoir une boutique en ligne de produits pour future maman DEVIENT proposer une box maternité, mois par mois.
Pense aux offres différenciantes : box, coffret, kit, abonnement, virtuel ou présentiel…

Simplifier l'utilisation (confort, pratique…)

Mettre en avant la qualité et les performances vis-à-vis de tes concurrents.

Ex : Dans le domaine de la formation, mets en avant une vraie pédagogie, une documentation poussée, une qualité impeccable d'audio et de vidéo…

La simplicité pour se procurer ton service/produit

Ex : Acheter ton produit en ligne, en boutique, ou dans une boutique partenaire proche

Choisir un angle d'attaque différent et innovant

Ex : C'était hyper original de se focaliser sur les femmes entrepreneuses fût un temps.

Mettre en avant les caractéristiques techniques, ses performances

Ex : Mélange bois et métal unique, produit triple utilisation, etc.

Proposer un pack plus complet, plus pointu, plus ciblé pour ta clientèle et ses besoins

Ex : Des niveaux de service or, platine, argent …

Avoir une expérience client de meilleure qualité, de plus belles photos produits, des vidéos 360°, une présentation complète, des fonctionnalités avancées de personnalisation…

Te "super spécialiser" dans une branche pour devenir LA référence dans le domaine. Propose des conseils sophistiqués ou mieux ciblés.

Ex : BonneGueule est autant un magazine de mode masculin ultra sélect qu'une marque de vêtements pour hommes

Faire correspondre chaque produit/service à une belle promesse concrète de bonheur, d'amour, de jeunesse, d'avenir meilleur… pour se projeter dans "l'après" achat.

Note : La promesse ne garantit pas que 100% de tes clients atteindront cet objectif mais elle les aidera à le visualiser.

Exercice

Fais la checklist des actions possibles pour atteindre les 2 objectifs ci-dessous.

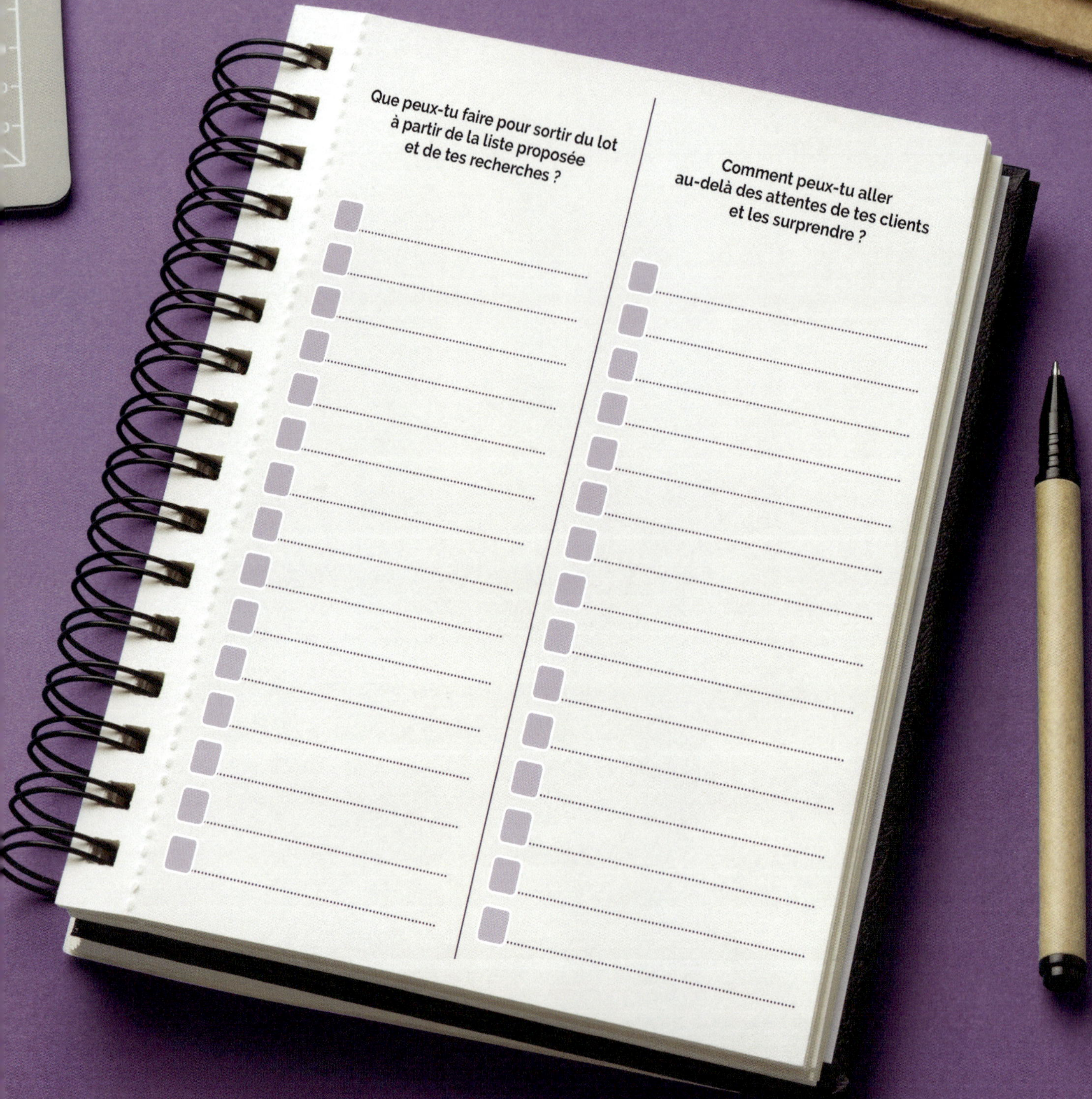

5.2 Le pouvoir de la surprise

Nous sommes conditionnés pour ne pas attendre 1 g de plus que ce qu'on a commandé.
Ainsi n'importe quelle petite attention inattendue déclenchera une vague de plaisir, due à la surprise et au sentiment d'être bichonnée.

Tâche toujours d'offrir de l'imprévu, comme le petit bout de bande annonce à la fin des Marvels ;)
C'est un moyen simple de marquer positivement le début et la fin d'une prestation ou d'une formation !

Cette surprise n'est pas nécessairement chère ni compliquée.
La beauté de la chose, c'est que le geste suffit en lui même à offrir satisfaction :)

Par exemple, une de mes clientes a ajouté à tous ses produits un petit mode d'emploi illustré et imprimé. C'était la seule à le faire et sa réputation a augmenté en flèche, et ses ventes aussi !

Surprends agréablement tes clients, sois créative !

5.3 Pense ton offre différemment

COMMENT vas-tu vendre ton produit ? Quelle formule plaira le plus à tes clients ?

La méthode la plus simple consiste à leur poser la question directement (si tu as déjà une communauté). Si tu démarres, teste plusieurs options.

Voilà un panel des possibles :

Le pack avec différents accessoires ou compléments

Tu peux proposer 3 variantes à des prix progressifs en sachant que souvent, c'est le prix intermédiaire qui est le plus vendu.

L'achat unique du produit/service seul (l'offre la moins rentable sauf si tu proposes tout au long du parcours d'achat des "compléments" :)

Ex : Au moment de l'achat d'un appareil photo, propose la housse, puis au niveau du panier, le nettoyant spécial, puis après l'achat le manuel de formation...

L'abonnement mensuel ou annuel (avec une remise)

Des services/garanties additionnels :

Options de personnalisation, garantie 30 jours, garantie satisfait ou remboursé, paiement en plusieurs fois...

Le format peut être très varié selon ce que tu vends :)

Ex : Propose de faire une séance de coaching dans ton cabinet, en visioconférence, en groupe/solo, ou de s'auto-coacher grâce à un programme sur un ebook ou une formation vidéo, audio mp3...

Une baisse de prix selon certains critères.

Ex : Si un client télécharge un extrait gratuit de ton ebook, propose-lui une remise sur le ebook complet à la fin de celui-ci.
NB : Ton prix de départ doit tenir compte de cette remise.

Des offres qui cartonnent en e-commerce comme 1 acheté = 1 offert ou 2 achetés = 1 offert (cadeau au client ou par solidarité à une personne dans le besoin)

Ex : Pour tout achat d'un vêtement de grossesse, une jeune maman adolescente en recevra un aussi en cadeau.

Exercice

Quelles sont les 3 grandes forces de ton produit/service ?

1 ______________________________
____

2 ______________________________
____

3 ______________________________
____

Quels sont les 3 arguments phares de ta vente ?

1 ______________________________
____

2 ______________________________
____

3 ______________________________
____

5.4 L'art de la livraison

Parfois, ton client a besoin de sa commande dans un délai précis, pour un cadeau ou un évènement.

Pourquoi tellement de monde privilégie Amazon ?
La livraison gratuite et ultra rapide sont 2 arguments de poids pour l'achat de produits en ligne.

Pense à offrir les frais de port à partir d'un certain montant (avec une marge bien calculée bien évidemment).

La livraison sera gratuite au grand bonheur de ton client et ton CA augmentera (oh joie !).

Comment calculer le prix à partir duquel tu peux offrir les frais de port ?

Montant moyen d'une commande + Coût moyen d'un produit – Coût de frais de port

5.5 Le parrainage

Propose un système de parrainage avantageux.
C'est un excellent moyen de croître !

Par exemple, de nombreuses banques en ligne offrent 130€ en cadeau au parrain.

Si tu propose un système similaire, avec un % sur les ventes, tu pourras t'offrir un BOOM de croissance spectaculaire.

5.6 Les programmes de fidélité

Il existe des tas de façons de favoriser la fidélité :

- Cadeaux d'anniversaire
- Code promo pour les événements spéciaux
- Promotion de 10% à chaque achat pour favoriser une nouvelle commande...

Certaines entreprises ont même fait un "Temple de la renommée"
pour leurs clients exceptionnels, honorés d'y figurer !

Innove et fais un programme amusant et original !

Pense aussi au système de miles des compagnies aériennes qui cartonnent !
Tim Ferriss (auteur de "La semaine de 4 heures") a même fait une formation
pour voyager à travers le monde gratuitement grâce aux miles !

Exercice 1

Qu'est ce qui fait que tes clients fidèles reviennent chez toi ?

Pourquoi tes clients ponctuels ne sont jamais revenus ? Demande-leur.

**Demande à tes amis et à ta famille d'utiliser ton produit/service et de te faire des retours.
Qu'en pensent-ils ?**

Exercice 2

Comment vas-tu fidéliser tes clients ?

Quel programme de parrainage ultra généreux vas-tu mettre en place ?
Garde en tête que c'est de l'argent que tu n'aurais pas eu de toute façon autrement. Tu es généreuse avec de l'argent "bonus".

5.7 Pense tes produits et services avec l'Elevator Pitch

Lors de ma formation de startup, on m'a fait réaliser un exercice (plus difficile qu'il n'y paraît), qui aide à penser différemment son business : l'Elevator Pitch.

C'est un micro discours qui permet de séduire et d'informer dans les grandes lignes ton interlocuteur sur l'ensemble de ton business. Si tu arrives à faire cet exercice, tu pourras attirer tes partenaires et créer des collaborations beaucoup plus facilement.

Il existe sous 2 formes :

- La version classique (à droite)
- La version Princesse, Dragon & Chevalier. *La Princesse (le client idéal) a un problème (le dragon) et le héros (ton produit/service/entreprise) va résoudre le problème de XXXXX façons.*

Cet exercice te permet de regarder ton entreprise à travers les yeux de tes clients !

Exemple d'Elevator Pitch :

Vénus, ma marque de bijoux apaisants, permet aux femmes stressées par des postes à grandes responsabilités d'avoir des bijoux élégants et discrets adaptés à leur quotidien, mais aux doux mélanges aromathérapeutiques pour les apaiser grâce aux huiles essentielles.
Saviez-vous qu'il y a plusieurs dizaines de mélanges d'huiles essentielles possibles selon les besoins ?

> " Les clients achètent des solutions à leurs problèmes et non des produits/services ! "

Soigne bien :

- L'accroche, pour piquer la curiosité
- La définition du client, pour montrer ton expertise
- L'expression du besoin, pour prouver la pertinence
- La mise en avant des bénéfices de ton produit/service, pour convaincre
- La fin, sous forme de question/CTA pour engager la conversation ou pousser à l'action

Exercice pratique

Exercice

Rédige ton Elevator Pitch et affine-le avant de l'apprendre par coeur :)

Je suis (nom/prénom /marque), ____________________

(rôle en option si personne) ____________________

j'aide (ou autre verbe approprié) ____________________

les (types de clients) ____________________

en (méthode/produit/service) ____________________

à (besoin) ____________________

APPEL A L'ACTION (ce que doit faire le client pour recevoir ton aide)

6

Scénario

Ton service clients aux petits oignons

L'expérience client, c'est l'ensemble des émotions, perceptions et sentiments ressentis par un client avant, pendant et après l'achat d'un produit ou service (eh oui tout ça) !

- L 'expérience client a un impact direct sur la satisfaction de tes clients
- Elle influe sur la fidélisation dans le temps et génère des revenus !
- Elle agit sur la recommandation directe (bouche à oreille, avis, parrainage, partage sur réseaux sociaux etc.)
- Elle te permettra de réduire tes coûts, optimiser tes investissements ou facturer plus !

En bref, une expérience client optimisée, c'est montrer à ton client qu'il est unique et que tu prends soin de lui !

6.1 Un marketing de générosité vs rapace

Une manière de créer une bonne expérience client, en amont de l'achat, passe par tes outils de communication.

Propose un blog complet, régulièrement mis à jour, donne du contenu de valeur, des conseils utiles et pratiques.	Sois généreuse dans tes conseils et tes encouragements
Envoie une newsletter qui en vaille vraiment la peine, humaine et pleine de surprise, avec du contenu et des réductions exclusives, une qualité dans les échanges... bref qui bichonne tes abonnés.	N'oublie pas aussi d'offrir du contenu et supports gratuits • Ebook, fiches ou tutos (à télécharger ou voir) • Extraits d'ebook payant • Echantillons produits • Cadeaux personnalisés et/ou exclusifs • Remises, bonus • Lives intimistes

Sur ce point-là, il est aussi important de recruter des collaborateurs qui ont ces mêmes priorités.

6.2 Franchise et information sur les pages produits/de vente

Ne pratique ni la publicité mensongère, ni la poudre aux yeux, que ce soit pour vendre en ligne ou en présentiel. Tes produits doivent être bons et bien décrits !

Tes pages produits doivent

- Être complètes, mais structurées clairement avec des sous-titres
- Répondre à toutes les questions des clients
- Favoriser un maximum de vidéos et photos. Ex : Le produit porté pour un bijou/vêtement ou encore vide puis plein pour un sac afin de montrer la capacité, les rangements...

Pense à ces outils innovants

- Un plugin sur ton site pour afficher une vue 360° du produit
- Un simulateur pour voir un produit sur mesure en fonction des options
- La réalité augmentée pour tester une couleur de rouge à lèvres, un fond de teint, une robe...
- Un lecteur PDF en ligne pour lire l'extrait d'un ebook avant son achat...

Des échanges simples et rapides

Ne fais pas de différence entre tes clients et les prospects dans le soin apporté aux échanges.

Sois toujours généreuse (piqûre de rappel !)

Pas de procrastination dans l'expérience client.

Sois réactive et réponds dans la journée si possible à tous les emails et commentaires (sur ton site, réseaux sociaux de façon personnalisée). Sinon, préviens tes clients ou délègue !

Agis comme une pro, ton client aura la sensation de pouvoir être satisfait en ayant une expérience "sur-mesure".

La gratitude est indispensable pour une relation durable.

Exprime ta reconnaissance en incluant des mots de remerciement dans tes colis, sur les réseaux sociaux et les commentaires sur ton site.

Règle les insatisfactions grâce à des actions et des réponses pertinentes.

Si tes clients savent que tu prends en compte leurs avis, ils seront plus disposés à fournir des retours d'expérience.

Une expérience client réussie, c'est du temps et de l'organisation à prévoir !

Exercices pratiques

Exercice 1

Colorie ton diagramme radar en fonction de ton niveau dans chaque domaine

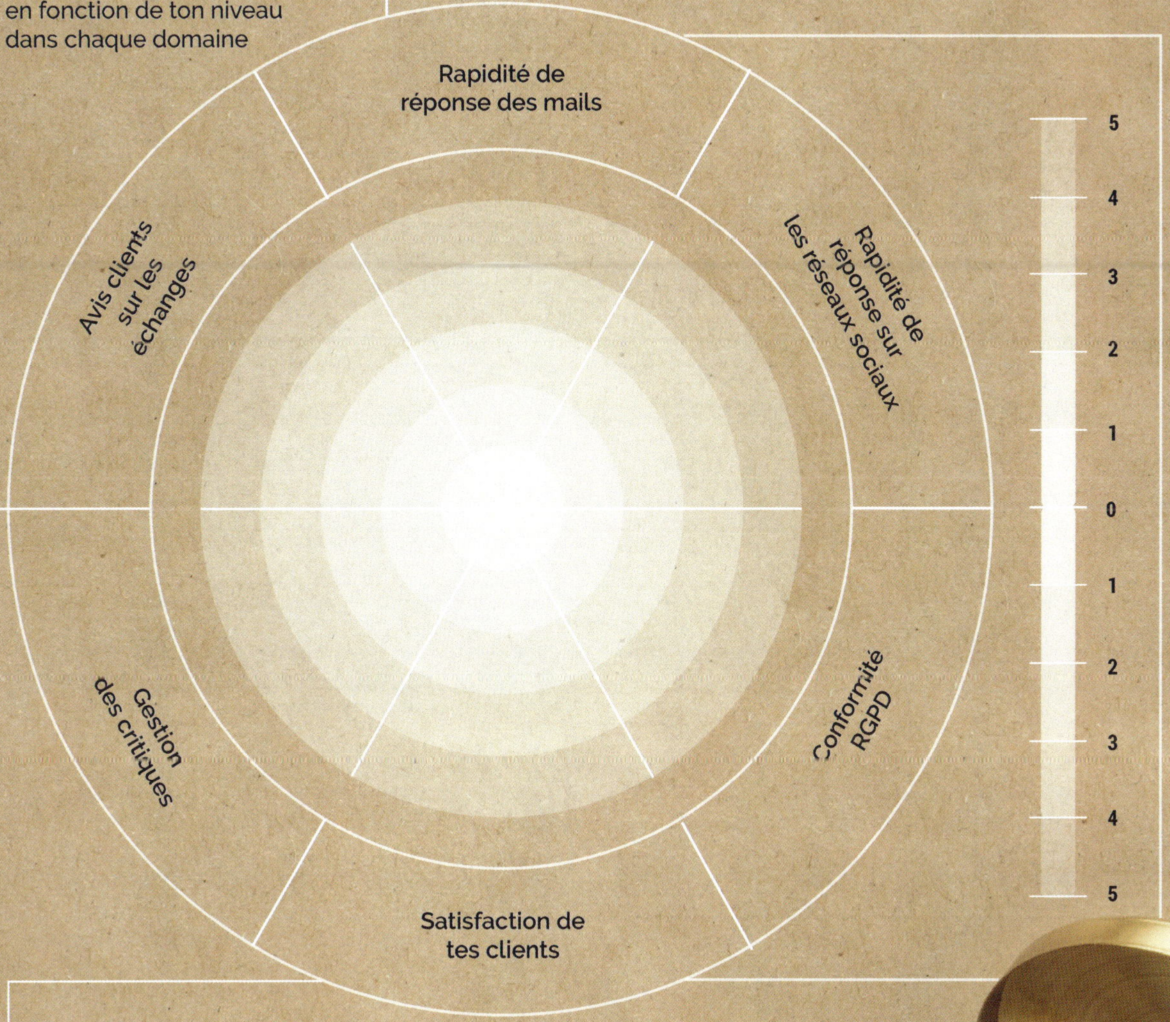

Notes :

Exercice 2

Note la qualité de ton expérience client et ce que tu peux faire pour l'améliorer.

Quelle est la qualité de tes interactions AVANT la vente ?

☆☆☆☆☆

Quelle est la qualité de tes interactions APRES la vente ?

☆☆☆☆☆

As-tu des vidéos explicatives ?

☆☆☆☆☆

As-tu créé un mode d'emploi ?

☆☆☆☆☆

Proposes-tu des conseils personnalisés ?

☆☆☆☆☆

Disposes-tu d'une FAQ exhaustive ?

☆☆☆☆☆

Propose-tu des garanties, assurances ?

Quelle note te mettrais-tu pour l'accueil, horaires, disponibilité ?

☆☆☆☆☆

e-voluer

7
Scénario

Rassure avec les preuves sociales

7.1 Éloges et recommandations

Tout comme les critiques de films et les éloges du public te donnent envie d'aller au cinéma, les recommandations très élogieuses de tes clients attireront d'autres personnes sur ton site web ou ta boutique en ligne !

Rien ne vaut une bonne recommandation !
On préfère toujours acheter un produit qu'une personne de notre entourage nous a recommandé.

MOI, je suis recommandée par mes clientes

Tu ne dois pas être la seule à dire que ton produit est génial ou ta méthode efficace !
La réputation de ta marque dépendra des dires de tes clients qui prouveront ta crédibilité et expertise.

Accorde une place de choix aux commentaires clients avec un design intéressant (encadré, petite vidéo, commentaires avec photos...)

MOI, je suis recommandée par... (influenceuse/blogueuse...)

Des ambassadeurs savamment choisis auront aussi un impact considérable (une célébrité, un influenceur...)

Fais en fonction de tes moyens financiers, mais n'hésite pas à faire appel à eux.
Pense aussi à faire des articles invités, des interviews...

MOI, j'ai une super note sur Tripadvisor/Google

Sollicite les commentaires en envoyant un questionnaire détaillé de satisfaction après la réception d'un colis, d'une formation...

Encourage les commentaires constructifs et personnalisés.

Entre nous, les filles, on va toutes voir les commentaires sur un site pour vérifier que notre achat en vaille vraiment la peine et aussi pour nous rassurer.

7.2 Instaure un climat de confiance

Quand tu veux acheter un produit ou service, ton cœur te mène toujours vers la marque qui te rassure le plus.

La confiance se crée de différentes façons : un discours solide, une identité de marque professionnelle, une ligne éditoriale linéaire, un site pro et non DIY...

La confiance de tes clients dépend de :

Ce que tu dis + ce que tu fais + ce que les autres disent de toi

Voyons d'autres méthodes :

Construire une image de marque positive c'est montrer des avis clients "fiables", ce qui est de plus en plus difficile.

Tu peux utiliser, par ordre d'importance :

- La vidéo
- La capture d'écran WhatsApp, Facebook...
- Le témoignage textuel avec une photo réelle de la personne (si la personne est un influenceur, bloggeur, c'est encore mieux...)

Montre que tu es à l'écoute de tes clients.

Réponds publiquement aux attaques, ne supprime pas les posts ou les articles qui peuvent faire polémique. Un commentaire négatif sur ton site peut être un bon tremplin pour toi ! **"Vos clients les plus mécontents sont votre plus grande source d'apprentissage" Bill Gates**

N'hésite pas à t'excuser si besoin. Prends en compte les avis et commentaires clients (et montre-le).

Les crises sont inévitables, mais leur bonne gestion renforce la confiance et protège du bad buzz. Pense à faire des sondages en ligne pour toujours t'améliorer !

Attention aux mensonges grands ou petits !

Ne mens pas. Ne construis pas ton image de marque sur le commerce équitable si par exemple, tu n'en respectes pas tous les principes.

Scènes à couper

Ne confonds pas les remarques désagréables de tes clients avec les messages des haters (haineux).

Ces derniers ne méritent aucune réponse et tu es vivement encouragée à supprimer leur post et à les bloquer !

Exercices pratiques

Quelle est ta réputation ?

Qu'est-ce que les gens apprécient le plus ?

Qu'est-ce que les gens apprécient le moins ?

Comment peux-tu arranger ça ?

A quel point pensent-ils que tes produits/services sont pertinents par rapport à leurs besoins/attentes/problèmes ?

8
Scénario

Sélectionne et priorise tes valeurs ajoutées

A cette étape du processus, et sûrement avant, ton cerveau est entré en fusion (tellement de possibilités).

Tu es passée de l'exultation sur ce qui est déjà OK, au désespoir face à tout ce qui pourrait être amélioré.

Bonne nouvelle n° 1

Une entreprise qui sait ce qu'elle peut améliorer, a déjà effectué 50% du chemin, et hop, bye bye désespoir !

Bonne nouvelle n° 2

Une entreprise qui stagne a un pied dans la tombe. Tu es donc sur la bonne voie, alors enclenche le mode "positive attitude" !

Bonne nouvelle n° 3

Quoi que tu choisisses d'améliorer en premier, tu as un plan pour gagner plus d'argent. C'est le nerf de la guerre !

Bonne nouvelle n° 4

J'ai prévu une dernière série d'exercices pour t'aider à faire le tri et ne pas te noyer dans TOUT ce que tu dois faire :)

8.1 Panse tes faiblesses

Liste l'ensemble des faiblesses et menaces (que tu as identifiées en étudiant ce cahier pratique). Trouve des solutions précises et sur mesure.

Pour le moment, ne fais pas de tri. Prépare un plan d'attaque, et transforme ton analyse en objectifs et actions concrètes.

Faiblesse/Menace #1	Solutions concrètes	Date butoir (si nécessaire)
Image de marque faible	01 *Trouver un meilleur nom de marque*	
	02 *Refaire mon identité graphique*	
	03 *Revoir la décoration de ma boutique pour renforcer "l'univers"*	

Faiblesse/Menace #2	Solutions concrètes	Date butoir (si nécessaire)
	01	
	02	
	03	

Faiblesse/Menace #3	Solutions concrètes	Date butoir (si nécessaire)
	01	
	02	
	03	

Faiblesse/Menace #4	Solutions concrètes	Date butoir (si nécessaire)
	01	
	02	
	03	

8.2 Fais le tri

Il existe une règle mathématique : la loi de Pareto.
Elle prouve que 20 % de nos actions permettent d'aboutir à 80 % des résultats !
Génial non ?

80 % du chiffre d'affaires provient de 20 % des produits ou services proposés.
20 % des clients/produits représentent 80 % du chiffre d'affaires.
80 % de tes échecs sont dus à 20 % de tes actions/erreurs.
80 % de tes réussites sont dues à 20 % de tes actions.

Attention : Ne retire pas tes produits moins vendus en pensant qu'ils ne servent à rien, le consommateur aura le sentiment de ne plus avoir le choix !

Exercice pratique

Hiérarchise les tâches et concentre-toi sur les activités qui te rapportent les 80 % de ton chiffre d'affaires !

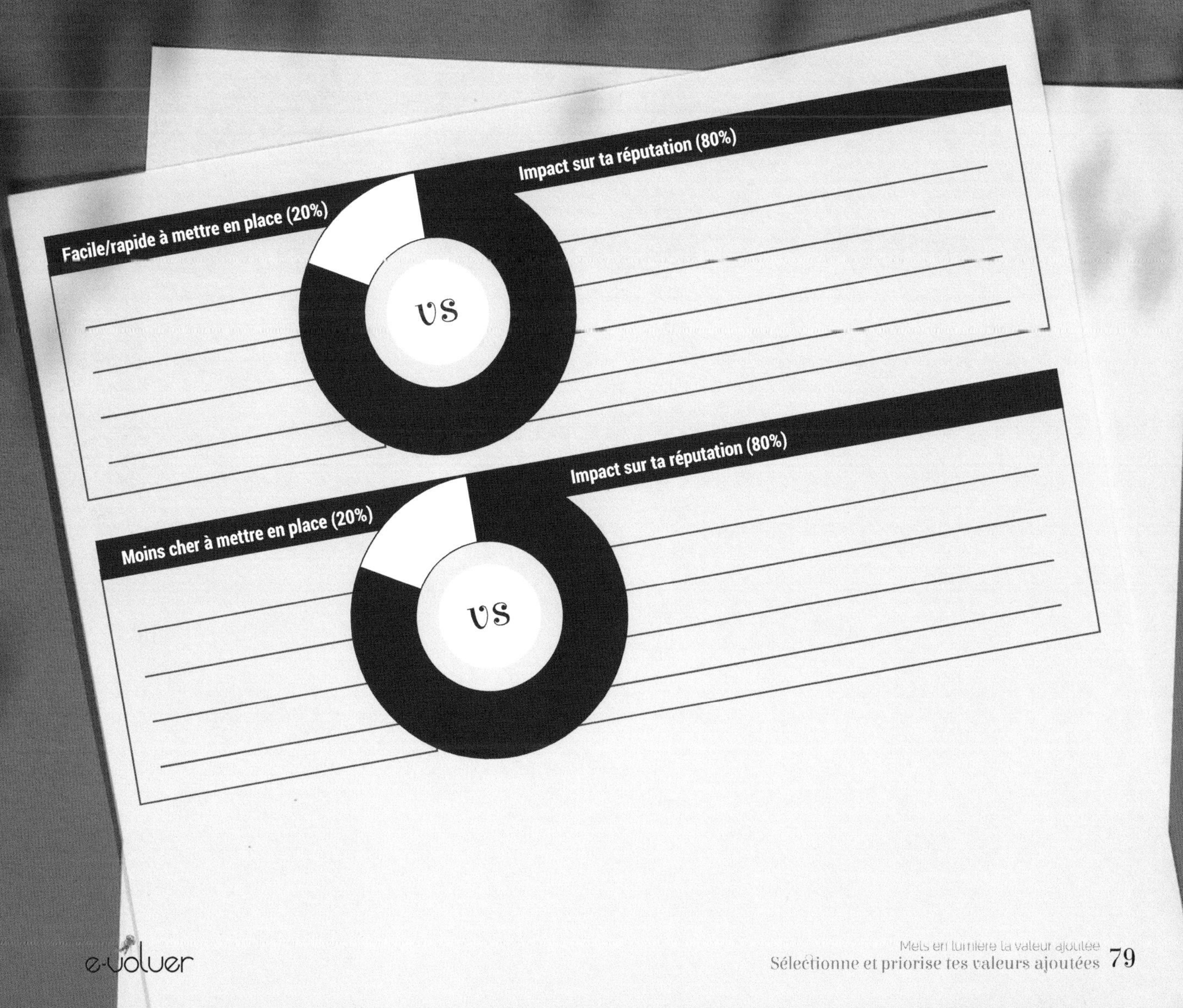

Facile/rapide à mettre en place (20%)

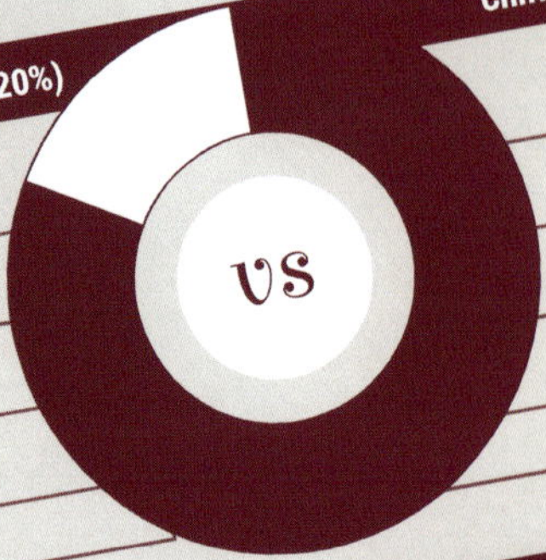

Chiffre d'affaires (80%)

Moins cher à mettre en place (20%)

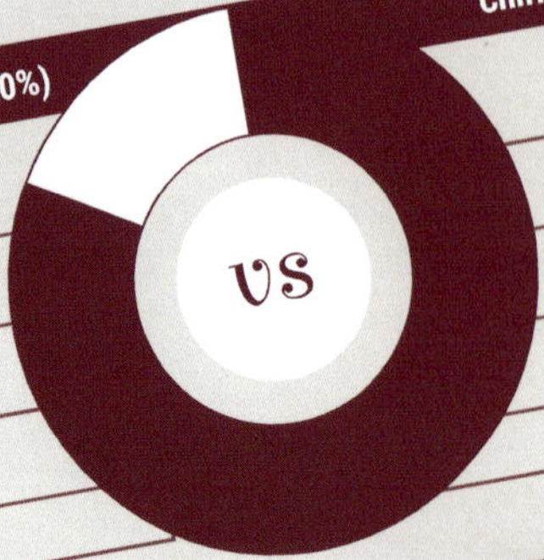

Chiffre d'affaires (80%)

Difficulté à mettre en place (20%)

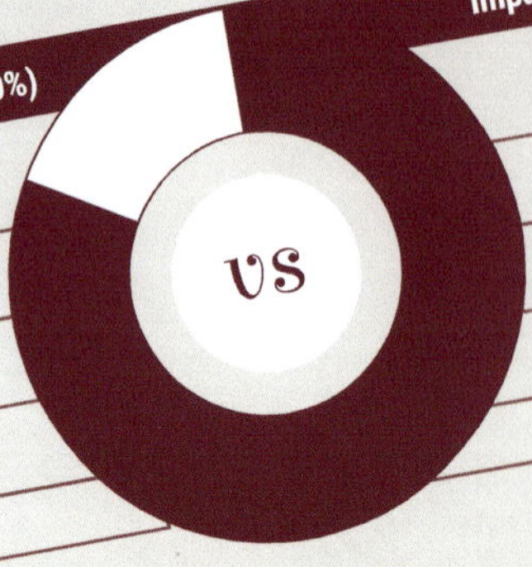

Impact long terme sur ton entreprise (80%)

> « Quand on est partout à la fois, on est nulle part ! »

8.3 Construis ton plan

Grâce au 20/80, tu te rendras compte que certaines actions peu coûteuses et rapides auront plus d'impact que des actions compliquées.
Tu peux maintenant supprimer toutes les actions à faible impact ou qui te demandent trop de ressources (temps, argent, énergie) et prioriser le reste.

Pour cela tu peux utiliser cette méthode :

Commence par les actions qui sont les plus faciles/rapides à mettre en place et qui auront le plus d'impact sur ton CA	Mets en place les actions les plus faciles/rapides et qui auront le plus d'impact sur ta réputation	Priorise le long terme et mets en place des actions certes plus coûteuses/complexes mais avec un impact fort sur le long terme.

Tu peux aussi utiliser la matrice d'Eisenhower, qui permet de classifier les tâches par niveau d'importance et d'urgence. Un tableau/mur et des post-it ;)

- Q1 Planifier
- Q2 A faire
- Q3 A supprimer
- Q4 A déléguer/trier

	Non urgent	Urgent
Important	Q1	Q2
Non important	Q3	Q4

Félicitations !
Ce n'est pas toujours facile de
se remettre en question.

Il ne te reste plus qu'à pointer
les projecteurs sur tes valeurs ajoutées
et tu feras vraiment la différence !

e-voluer

Organise-toi par jour, semaine et mois

Mets en place des routines

Évalue les résultats régulièrement pour pouvoir faire des ajustements et réglages

Mais ...

Comment concilier ton nouvel objectif avec tout le reste de ton travail ?

Comment créer du temps pour ta famille et pour toi tout en maintenant l'équilibre ?

Quels outils te permettront d'optimiser ton temps ?

Et si tu ne veux pas choisir entre vie professionnelle et personnelle ?

> *Le temps est le capital le plus rare et si on ne sait pas le gérer, alors on ne sait rien gérer d'autre.*
>
> **Peter Drucker**

En passant sur mon site, tu pourras télécharger gratuitement mon cahier pratique "Trouver et atteindre mes objectifs" pour t'organiser d'année en année.
Et si tu veux aller plus loin, je t'offre tous les conseils ci-dessus et bien plus dans une formation faite sur mesure pour les entrepreneuses qui doivent jongler avec toutes leurs occupations sans rien laisser tomber !

Cette formation va te redonner confiance et t'aider à tout planifier comme une chef d'entreprise digne de ce nom !

Découvre la formation "Maitrise ton temps" sur

www.e-voluer.com

evoluerfr | e_voluer | Evoluer.fr

Note :

Note :

Printed in Poland
by Amazon Fulfillment
Poland Sp. z o.o., Wrocław

90002498R00047